ellermann

ellermann im Dressler Verlag GmbH · Hamburg
© Dressler Verlag GmbH, Hamburg 2016
Alle Rechte vorbehalten
Text und Illustration von Eleni Livanios
Satz: Sabine Conrad, Bad Nauheim
Druck und Bindung: Livonia print, Riga
Printed 2016
ISBN 978-3-7707-2497-0

www.ellermann.de

Der große Märchen-Bilderbuchschatz

Die schönsten Märchen der Brüder Grimm neu erzählt von Eleni Livanios

Bilder der Autorin

ellermann im Dressler Verlag GmbH · Hamburg

Inhaltsverzeichnis

Eleni Livanios
Dornröschen
S. 7

Eleni Livanios
Hänsel und Gretel
S. 31

Eleni Livanios
Rotkäppchen
S. 55

Eleni Livanios
Schneewittchen
S. 79

Eleni Livanios
Der Froschkönig
S. 103

Eleni Livanios
Aschenputtel
S. 127

Eleni Livanios
Rumpelstilzchen
S. 151

Eleni Livanios
Der Wolf und die sieben Geißlein
S. 175

Eleni Livanios
Rapunzel
S. 199

Eleni Livanios
Frau Holle
S. 223

Dornröschen

Es waren einmal ein König und eine Königin, die wünschten sich so sehr ein Kind.
Aber sie bekamen keins.
Eines Tages jedoch, als die Königin im Teich badete, hüpfte ein Frosch heran und sagte: »Noch ehe das Jahr um ist, wirst du eine Tochter haben!«

Und wirklich brachte die Königin ein kleines Mädchen zur Welt. Der König war außer sich vor Freude und lud zu einem großen Fest ein. Alle sollten sein Kind sehen: Freunde und Verwandte und auch die dreizehn weisen Feen des Landes. Die Feen sollten am schönsten Tisch sitzen und von goldenen Tellern essen.

Doch leider besaß der König nur zwölf goldene Teller.
»Die dreizehnte Fee bekommt einfach keine Einladung«,
beschloss er deshalb.

Das Fest wurde in aller Pracht gefeiert. Die Feen beschenkten die kleine Prinzessin der Reihe nach mit ihren Wundergaben: Die erste wünschte ihr Freundlichkeit, die zweite Klugheit, die dritte Schönheit, und so schenkten sie eine nach der anderen alles, was es im Leben zu wünschen gibt.

Als die elfte Fee jedoch ihren Wunsch gesprochen hatte, flog die Tür auf und die dreizehnte Fee stürmte herein. Wütend sah sie sich im Festsaal um, in dem ohne sie gefeiert worden war. Nun wollte sie sich aber rächen!
Sie trat an die Wiege des Kindes und rief:
»Die Königstochter soll sich in ihrem fünfzehnten Jahr an einer Spindel stechen und tot umfallen!«
Dann verschwand sie mit lautem Zischen in einer schwarzen Rauchwolke:
Die Gäste waren blass geworden vor Schreck.
»Das ist alles meine Schuld!«, stöhnte der König.

Da trat die zwölfte Fee vor.
»Es ist ein Glück, dass ich meinen Wunsch noch übrig habe«, sprach sie. »Ich kann den bösen Zauber zwar nicht aufheben, jedoch mildern: Die Königstochter soll nicht tot umfallen, sondern nur in einen hundertjährigen Schlaf sinken!«

Der König war dennoch nicht zu beruhigen.
Um sein geliebtes Kind vor dem Unglück zu bewahren, befahl er, alle Spindeln im ganzen Königreich zu verbrennen.
»Nun können wir den Fluch der dreizehnten Fee vergessen«, sagte die Königin erleichtert.
Doch der König hatte immer noch große Sorge um die kleine Prinzessin.

Mit der Zeit erfüllten sich alle Wünsche der guten Feen. Die Prinzessin wurde so freundlich, klug und schön, dass jeder sie gern mochte. Allen voran ihr Vater, der König, der sie nie aus den Augen ließ. Nirgends konnte die Prinzessin allein hingehen, immer passte er auf, dass ihr nichts geschah.

Bis zum Morgen ihres fünfzehnten Geburtstags, als die Prinzessin überlegte, was sie sich eigentlich wünschte.
Ich möchte einmal ganz allein das Schloss erkunden, dachte sie. Das wird schon nicht so gefährlich sein!
Und als alle mit den Vorbereitungen für das Geburtstagsfest beschäftigt waren, schlüpfte die Prinzessin heimlich aus ihrem Zimmer und begann mit ihrer Entdeckungsreise.

Die Prinzessin besah sich alle Zimmer im ganzen Schloss. Schließlich kam sie zu einem alten Turm, den sie noch nie betreten hatte. Neugierig stieg sie die Wendeltreppe hinauf bis zu einer Tür. Im Türschloss steckte ein Schlüssel, den drehte die Prinzessin herum und schlüpfte in die Kammer. Eine alte Frau saß dort an einem Spinnrad und spann Flachs.

»Guten Tag«, sagte die Prinzessin. »Was machst du da?«
Sie hatte noch nie ein Spinnrad gesehen, und sie fand es lustig, wie sich die Spindel drehte und auf und ab hüpfte. Die Prinzessin streckte die Hand danach aus und wollte auch spinnen. Doch die Spindel stach sie in den Finger.

Sofort überkam die Prinzessin eine große Müdigkeit und sie schlief ein. Der Zauberspruch hatte sich erfüllt. Der Schlaf breitete sich im ganzen Schloss aus. Der König, die Königin und der gesamte Hofstaat schliefen ein. Auch die Pferde im Stall schliefen ein, die Hunde im Hof, die Tauben auf dem Dach und die Fliegen an den Wänden. Sogar das Feuer im Ofen hörte auf zu flackern, und der Braten brutzelte nicht mehr. Der Küchenjunge, der etwas anbrennen lassen hatte, und der Koch, der ihn deshalb gerade an den Haaren ziehen wollte, schliefen auch ein. Draußen legte sich der Wind, und kein Blatt regte sich mehr.

Um das Schloss herum begann eine Dornenhecke zu wachsen, die mit jedem Jahr höher und dichter wurde, bis von dem Schloss nichts mehr zu sehen war. Nicht einmal mehr die Fahnen auf den Turmspitzen.

Aber die Menschen im Dorf erzählten sich von der Prinzessin, die sie nun Dornröschen nannten.

»Hinter der Dornenhecke steht ein Schloss«, sagte ein alter Mann mit rauer Stimme, als die Kinder ihn danach fragten. »Darin schläft Dornröschen schon seit hundert Jahren!«

Das hörte ein junger Königssohn.

»Wer ist Dornröschen?«, wollte er wissen.

»Dornröschen ist eine Prinzessin«, sagte der alte Mann. »Die schönste und liebenswerteste aller Zeiten!«

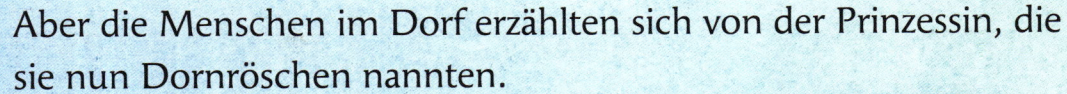

»Diese Prinzessin muss ich sehen«, sagte der Prinz.
Der alte Mann lachte. »Das wollten schon viele vor dir! Es ist aber keinem Einzigen gelungen, sie sind alle in der Dornenhecke hängen geblieben.«
»Ich will Dornröschen unbedingt sehen!«, beharrte der Prinz und schwang sich auf sein Pferd. »Und weil ich es so sehr will, schaffe ich es auch!«

Als der Prinz die Dornenhecke erblickte, bekam er doch ein wenig Herzklopfen. Tapfer glitt er aus dem Sattel, nahm sein Schwert und schritt auf die Hecke zu. Wie durch ein Wunder öffnete sie sich ganz von selbst. Hinter dem Prinzen schloss sie sich wieder, und um ihn herum blühten duftende Heckenrosen auf.

Der Königssohn wunderte sich sehr über die Menschen und Tiere, die im Schloss schliefen. In der Küche sah er den Koch, der im Schlaf noch immer die Hand ausgestreckt hielt, mit der er den Küchenjungen packen wollte. Doch wo war Dornröschen?

Eilig schritt der Prinz von einem Saal zum nächsten. Er schaute in jedes Zimmer hinein, bis er schließlich in die Turmkammer gelangte. Und da lag die Prinzessin auf einem Bett und schlief.
»Wie schön sie ist«, flüsterte der Prinz.
Er konnte nicht anders, er beugte sich über sie und gab ihr einen sanften Kuss auf die Lippen.

Im selben Augenblick öffnete Dornröschen die Augen und sah den Prinzen verwundert an. Sein Gesicht war so freundlich, dass sie ihn sofort mochte. Hand in Hand stieg sie mit ihm die Treppe hinab ins Schloss.

Im Stall erwachten gerade die Pferde und schüttelten ihre Mähnen. Die Hunde im Hof standen auf und bellten, und die Tauben auf dem Dach begannen zu gurren. Die Fliegen an den Wänden krochen weiter, und der Braten im Ofen brutzelte wieder. Und endlich konnte der Koch den Küchenjungen an den Haaren ziehen.
Im großen Saal erwachten der König und die Königin und schlossen ihre Tochter voll Freude in die Arme. Und weil sie bemerkten, wie glücklich sie den Prinzen an ihrer Seite ansah, umarmten sie auch ihn.
Bald darauf wurde Hochzeit gefeiert.

»Pass immer gut auf meine Tochter auf«, sagte der König zu dem Prinzen.
»Lieber Papa«, sagte Dornröschen da. »Ich passe von nun an selber auf mich auf!«
Und sie lebte glücklich mit dem Prinzen bis ans Ende ihrer Tage.

Hänsel und Gretel

Es waren einmal zwei Kinder, die hießen Hänsel und Gretel. Sie lebten mit ihrem Vater und ihrer Stiefmutter in einem kleinen Häuschen am Waldrand. Der Vater war Holzfäller, und die Familie war so arm, dass sie fast nichts zu essen hatten. Eines Nachts sagte die Stiefmutter zu dem Vater: »Wir müssen die Kinder loswerden, dann haben wir beide wieder genug zu essen. Lass uns sie gleich morgen in den Wald bringen, dorthin, wo er am dichtesten ist, sodass sie nicht mehr zurück nach Hause finden!«

Der Vater war entsetzt und wollte nicht auf ihren Vorschlag eingehen.
»Du willst wohl, dass wir alle vier verhungern!«, sagte die Stiefmutter.
Und sie redete so lange auf ihn ein, bis er schließlich nachgab.

Doch Hänsel und Gretel hatten jedes Wort gehört. Erschrocken sah Gretel Hänsel an.
Aber Hänsel flüsterte: »Keine Angst, Gretel! Ich habe eine Idee!«
Als die Eltern eingeschlafen waren, schlich er sich nach draußen. Vor dem Haus lagen weiße Kieselsteine, die hell im Mondschein leuchteten. Damit füllte Hänsel seine Taschen.

Am nächsten Morgen wurden die Kinder früh von der Stiefmutter geweckt.
»Wir gehen in den Wald«, sagte sie. »Hier habt ihr jeder ein Stück Brot, das könnt ihr mittags essen.«
Der Holzfäller und seine Frau gingen voran, Hänsel und Gretel hinterher. Niemand bemerkte, dass Hänsel ab und zu einen Kieselstein auf den Weg hinter sich fallen ließ.

Mitten im dichtesten Wald sagte die Stiefmutter: »Ihr bleibt hier, Kinder. Euer Vater und ich gehen Holz suchen, am Abend holen wir euch wieder ab.«
Hänsel und Gretel setzten sich ins Moos. Mittags aßen sie ihr Brot. Sie warteten bis zum Abend, aber die Eltern kamen nicht zurück. Schließlich wurde es dunkel, und Gretel bekam große Angst. Hänsel tröstete seine Schwester: »Gleich geht der Mond auf. Dann leuchten die Kieselsteine, und wir finden ganz leicht den Weg nach Hause!«
Genau so war es. Die Kinder folgten der Spur der Kieselsteine und standen am Morgen wieder vor ihrem Elternhaus. Der Vater freute sich sehr, als er seine Kinder sah.

Doch bald reichte das Essen wieder nicht für alle vier, und Hänsel und Gretel hörten die Stiefmutter sagen: »Morgen wollen wir die Kinder in den Wald führen, dann sind wir sie los.«
Aber als Hänsel diesmal aus dem Haus schlüpfen wollte, um Kieselsteine zu sammeln, war die Haustür abgeschlossen.

Noch bevor die Sonne am nächsten Morgen aufging, wurden Hänsel und Gretel von der Stiefmutter geweckt.
»Aufstehen, wir wollen in den Wald, Holz holen!«, sagte sie.
Sie gab jedem ein Stück Brot, dann gingen sie los. Niemand bemerkte, dass Hänsel ab und zu ein Stückchen Brot hinter sich auf den Weg fallen ließ.

Wieder ließen die Eltern die Kinder im Wald allein. Hänsel und Gretel warteten den ganzen Tag, aber der Vater und die Stiefmutter kehrten nicht zurück.
»Wenn der Mond aufgeht, sehen wir die Brotstückchen und finden ganz leicht zurück nach Hause«, sagte Hänsel zu seiner Schwester.

Doch die Brotstückchen waren verschwunden!
Die Vögel hatten sie aufgepickt.
Die ganze Nacht irrten Hänsel und Gretel im Wald umher. Sie fanden nicht heraus und waren schließlich sehr hungrig und sehr verzweifelt.

Gegen Morgen hörten sie endlich einen Vogel singen. Sein Lied war so schön, dass sie ihm hinterherliefen. Er führte sie zu einem kleinen Haus mitten im Wald, das über und über mit Lebkuchen und anderen leckeren Dingen bedeckt war. Hänsel brach einen Lebkuchen ab, und Gretel nahm sich eine kleine runde Fensterscheibe, die ganz aus Zucker war. Hmmm, wie das schmeckte!
Plötzlich rief eine Stimme:
»Knusper, knusper, knäuschen,
wer knuspert an meinem Häuschen?«
»Der Wind, der Wind, das himmlische Kind!«, antworteten Hänsel und Gretel und kicherten.

Knarrend ging die Tür auf, und eine steinalte Frau trat aus dem Haus. Vor Schreck ließen Hänsel und Gretel alles fallen.
»Ihr lieben Kinder, ihr habt wohl Hunger«, sagte die Frau freundlich. »Kommt herein und bleibt bei mir, ich habe noch viel mehr gutes Essen für euch!«
Und sie gab ihnen süßen Milchreis, Pfannkuchen, Äpfel und Nüsse. Dann durften die Kinder sich in warme, weiche Betten legen, und sie schliefen satt und zufrieden ein.

Die alte Frau war jedoch eine böse Hexe. Früh am nächsten Morgen zerrte sie die Kinder aus ihren Betten. Sie sperrte Hänsel in einen leeren Hühnerkäfig und befahl Gretel: »Geh Wasser holen! Wir wollen deinem Bruder etwas kochen. Wenn er dick und fett geworden ist, kommt er in die Suppe!«
Gretel erschrak fürchterlich, aber sie musste der Hexe gehorchen.

Jeden Morgen hinkte die Hexe nun zum Hühnerkäfig und zischte: »Hänsel, streck den Finger heraus, damit ich fühlen kann, ob du schon fett geworden bist!«
Hänsel aber war schlau und hielt der Hexe statt seines Fingers einen Hühnerknochen durch das Gitter. Die Hexe bemerkte nichts und wunderte sich, dass Hänsel nicht fetter wurde.

Doch nach einiger Zeit verlor die Hexe die Geduld.
»Hänsel mag noch so dünn sein«, schrie sie, »heute kommt er in die Suppe! Gretel, hol Wasser und mach Feuer im Ofen, ich will ein Brot dazu backen!«
Gretel begann bitterlich zu weinen, aber es half nichts. Bald brannte ein helles Feuer im Ofen.

»Kriech in den Ofen, und sieh nach, ob das Feuer heiß genug ist!«, befahl die Hexe Gretel.

Gretel schluckte die Tränen hinunter. Sie hatte plötzlich eine Idee. »Ich weiß nicht, wie ich in den Ofen hineinkommen soll«, behauptete sie.

»Dumme Nudel!«, rief die Hexe verärgert. »Ist doch ganz einfach!«

Und sie steckte selbst den Kopf in den Ofen, um es ihr zu zeigen. Blitzschnell ergriff Gretel den Brotschieber und schubste die Hexe hinein, warf die eiserne Tür zu und schob den Riegel vor.

Drinnen im Ofen prasselte das Feuer laut, als die Hexe verbrannte, und Gretels Herz klopfte wild. Sie rannte zum Hühnerkäfig und befreite ihren Bruder.

Hänsel und Gretel umarmten sich. Dann stopften sie sich die Taschen mit Äpfeln und Lebkuchen voll. In den Truhen im Hexenhaus entdeckten sie Unmengen von Perlen und Edelsteinen, die steckten sie ebenfalls ein. Als sie nicht noch mehr tragen konnten, fassten sie sich an den Händen und liefen in den Wald.

Nach ein paar Stunden kamen sie an einen großen See, auf dem eine Ente schwamm.
»Bitte, liebe Ente«, rief Gretel. »Trag uns auf deinem Rücken ans andere Ufer!«
Die Ente schwamm heran, und Hänsel stieg vorsichtig auf ihren Rücken.

Doch Gretel zögerte. »Ich glaube, wir beide sind zu schwer für die Ente«, sagte sie. »Lass du dich zuerst hinüberbringen, Hänsel, danach kann die Ente mich abholen.«

Nach kurzer Zeit standen Hänsel und Gretel sicher am anderen Ufer. Zum Dank für ihre Hilfe schenkten sie der Ente ein paar Lebkuchen. Hand in Hand liefen sie weiter, bis sie in der Ferne das kleine Haus ihres Vaters erblickten. Voll Freude rannten sie los.

Drinnen saß der Vater ganz allein am Tisch und hatte den Kopf in die Hände gestützt.
»Vater!«, riefen Hänsel und Gretel und stürzten zu ihm.
Da schloss er sie in die Arme und weinte vor Freude.

»Wo ist unsere Stiefmutter?«, fragten Hänsel und Gretel.
»Sie hat mich verlassen«, antwortete der Vater.
Da waren Hänsel und Gretel erleichtert und hüpften vor Freude im Kreis herum. Dabei purzelten die Perlen und Edelsteine aus ihren Taschen.
»Schau mal, Vater!«, riefen sie. »Jetzt hat unsere Armut ein Ende!«
Von nun an lebte die kleine Familie sorglos zusammen in dem kleinen Häuschen am Waldrand.

Rotkäppchen

Es war einmal ein kleines Mädchen, das mochte jeder gern. Besonders lieb hatte es seine Großmutter. Die lebte in einem kleinen Haus tief im Wald, und das Mädchen besuchte sie oft. Dann saßen sie zusammen im Garten, aßen Himbeeren, und die Großmutter erzählte Geschichten.
Einmal nähte die Großmutter eine rote Samtkappe und schenkte sie dem Mädchen. Das Kind freute sich so sehr darüber, dass es die Kappe jeden Tag trug. Von da an nannte es jeder nur noch Rotkäppchen.

Eines Tages wurde die Großmutter jedoch krank. Rotkäppchens Mutter backte einen Kuchen und packte ihn mit einer Flasche Saft in einen Korb.
»Rotkäppchen«, sagte sie, »bring der Großmutter den Saft und den Kuchen, das wird sie stärken. Geh aber nicht vom Weg ab, und lauf nicht im Wald umher. Und lass dich von keinem Fremden ansprechen!«
»Ja, ja, ich denk schon an alles«, versprach Rotkäppchen und machte sich auf den Weg.

Als Rotkäppchen schon eine Weile unterwegs war, begegnete ihm der Wolf.

»Guten Tag, Rotkäppchen«, sagte der Wolf. »Wohin gehst du so früh am Morgen?«

»Guten Tag«, antwortete Rotkäppchen höflich.

Es hatte den Wolf noch nie gesehen. Aber da er freundlich war, würde die Mutter wohl nichts dagegen haben, wenn es sich ein bisschen mit dem Wolf unterhielt.

»Ich gehe zur Großmutter und bringe ihr Saft und Kuchen«, sagte Rotkäppchen also.
»Wo wohnt denn deine Großmutter?«, wollte der Wolf wissen.
»Ach, du kennst ihr Haus bestimmt«, antwortete Rotkäppchen. »Es liegt am Ende dieses Weges hinter ein paar Haselnusssträuchern.«

Der Wolf trabte ein Weilchen neben Rotkäppchen her, und sie unterhielten sich über das schöne Wetter. »Rotkäppchen«, sagte der Wolf schließlich, »hör doch, wie fröhlich die Vögel zwitschern, und sieh, die vielen Blumen! Willst du dich nicht ein wenig im Wald umschauen?«

Rotkäppchen blieb stehen. Der Wolf hatte recht. Wie schön es doch im Wald war! Rotkäppchen fing an, für die Großmutter einen Blumenstrauß zu pflücken. Der Wolf schlich davon, aber das bemerkte Rotkäppchen gar nicht.

Der Wolf lief den Weg entlang zum Haus der Großmutter, wie Rotkäppchen es beschrieben hatte. Er hatte großen Hunger. Zuerst verspeise ich die Großmutter, dachte er, und als Nachspeise dann das Rotkäppchen!

Der Wolf klopfte an die Tür.
»Wer ist da?«, rief die Großmutter.
»Rotkäppchen«, antwortete der Wolf mit verstellter Stimme.
»Ich bringe dir Saft und Kuchen!«
»Drück einfach die Klinke herunter«, sagte die Großmutter.
»Ich kann nicht aufstehen, ich bin zu schwach.«

Der Wolf drückte auf die Klinke und schlüpfte ins Haus. Oh, wie sein Magen knurrte! Einen richtigen Wolfshunger hatte er, und der trieb ihn geradewegs auf das Bett zu, in dem die Großmutter lag.

Der Wolf stürzte sich auf sie, sperrte sein Maul weit auf und verschlang sie.
Zufrieden kroch er in das Bett, setzte auch noch Großmutters Nachthaube auf und deckte sich bis zur Nasenspitze zu.

Draußen im Wald pflückte Rotkäppchen immer noch Blumen. Endlich war der Strauß so groß, dass Rotkäppchen ihn fast nicht mehr tragen konnte. Erst jetzt fiel ihm die Großmutter wieder ein. »Nun aber rasch weiter!«, murmelte Rotkäppchen und machte sich eilig auf den Weg.

Die Tür zu Großmutters Haus stand offen, das fand Rotkäppchen seltsam. Als es in die Stube kam, fühlte es sich ganz unbehaglich, obwohl es sonst so gern hier war. Irgendetwas war heute anders als sonst!

»Guten Morgen, Großmutter«, sagte Rotkäppchen und trat an das Bett.
Wie seltsam die Großmutter heute aussah!
»Oh, Großmutter, du hast aber große Ohren«, sagte Rotkäppchen erstaunt.
»Ja, damit ich dich besser hören kann!«, antwortete der Wolf mit verstellter Stimme.
»Und was hast du nur für große Augen?«, fragte Rotkäppchen.
»Damit ich dich besser sehen kann!«
»Und so große Hände hast du!«
»Damit ich dich besser packen kann!«
»Und was hast du nur für ein entsetzlich großes Maul!«
»Damit ich dich besser fressen kann!«, knurrte der Wolf, und dann verschlang er Rotkäppchen und schluckte es gierig hinunter.

Satt und zufrieden schlief der Wolf ein und schnarchte schrecklich laut.
Draußen ging gerade der Jäger vorbei und hörte das Schnarchen. Kopfschüttelnd blieb er stehen.
Das ist doch nicht normal, dass die alte Frau so laut schnarcht!, dachte er. Ich sehe besser einmal nach, ob ihr etwas fehlt.

Als er in die Stube trat, sah er den Wolf im Bett der Großmutter liegen.

»Was machst denn du hier, du Scheusal?«, rief der Jäger. Er legte sein Gewehr an und wollte den Wolf erschießen, als ihm auffiel, dass die Großmutter nirgends zu sehen war.

»Hast du die Großmutter am Ende gefressen?«, fragte der Jäger den schlafenden Wolf.
Schnell schnitt er dem Wolf den Bauch auf. Eine rote Kappe leuchtete ihm entgegen.
»Rotkäppchen!«, rief der Jäger überrascht.
»Bin ich froh, dass ich wieder frei bin!«, keuchte Rotkäppchen.
»Ich wollte meine Großmutter besuchen, nun habe ich sie im Wolfsbauch getroffen. Bitte, hol sie schnell heraus!«

Der Jäger machte noch ein paar Schnitte, dann konnte er auch die Großmutter lebendig aus dem Wolfsbauch befreien.

Rotkäppchen lief hinaus in den Garten und schleppte schwere Steine heran. Die füllten sie in den Bauch des Wolfes, den die Großmutter mit eiligen Stichen wieder zunähte.
Als der Wolf aufwachte, sah er Rotkäppchen und die Großmutter vor sich stehen. Verwundert rieb er sich die Augen. Träumte er noch? Die beiden sollten doch in seinem Bauch sein!

Dann erblickte der Wolf den Jäger und war mit einem Mal hellwach. Blitzschnell sprang er auf und wollte davonlaufen, doch die schweren Steine in seinem Bauch rumpelten so wild durcheinander, dass er gleich tot hinfiel.

Zum Dank für ihre Rettung lud die Großmutter den Jäger zu Saft und Kuchen ein.
Und Rotkäppchen dachte: Nie wieder lasse ich mich von einem Fremden ansprechen, egal wie freundlich er ist! In einem Wolfsbauch möchte ich nämlich nicht noch einmal landen!
Und dann ließ Rotkäppchen sich den Saft und den Kuchen schmecken.

Schneewittchen

Es war einmal eine Königstochter, die war wunderschön. Ihre Haut war weiß wie Schnee, ihr Mund rot wie Blut und ihr Haar schwarz wie Ebenholz. Deshalb wurde sie Schneewittchen genannt.
Ihre Stiefmutter, die Königin, war eine sehr eitle und stolze Frau. Jeden Tag trat sie vor ihren Zauberspiegel und fragte:
»Spieglein, Spieglein an der Wand,
wer ist die Schönste im ganzen Land?«
Der Spiegel antwortete stets:
»Frau Königin, Ihr seid die Schönste im Land!«
Dann war die Königin zufrieden, denn der Spiegel sprach immer die Wahrheit.

Schneewittchen wuchs heran und wurde immer schöner. Das gefiel der eitlen Königin aber gar nicht, denn niemand sollte schöner sein als sie. Wieder fragte sie den Spiegel:
»Spieglein, Spieglein an der Wand,
wer ist die Schönste im ganzen Land?«
Und der Spiegel sagte auch diesmal die Wahrheit:
»Frau Königin, Ihr seid die Schönste hier,
doch Schneewittchen ist tausendmal schöner als Ihr!«

Da ärgerte die Königin sich gelb und grün vor Neid. Sie war so eifersüchtig auf Schneewittchen, dass sie es schließlich in den Wald bringen ließ. »Ich kann Schneewittchen nicht mehr sehen«, sagte sie zum Jäger. »Die wilden Tiere im Wald sollen es töten!«

Aber die wilden Tiere taten Schneewittchen nichts. Und so ging das Mädchen durch den Wald, lief über Wiesen und Felder und überquerte sieben Berge. Wo sollte es nur bleiben?
Endlich kam Schneewittchen zu einem kleinen Häuschen. Es klopfte, aber niemand öffnete, und so schlüpfte es durch die winzige Tür hinein.

Alles in dem Häuschen war klein. Es standen sieben winzige Betten darin, und der kleine Tisch war mit sieben winzigen Tellern und Bechern gedeckt. Schneewittchen war hungrig und durstig, aber es wollte niemandem alles wegnehmen. Deshalb nahm es aus jedem Becher nur einen winzigen Schluck und aß von jedem Teller nur einen winzigen Bissen. Danach legte sich Schneewittchen in das größte der sieben Betten, denn es war unendlich müde.

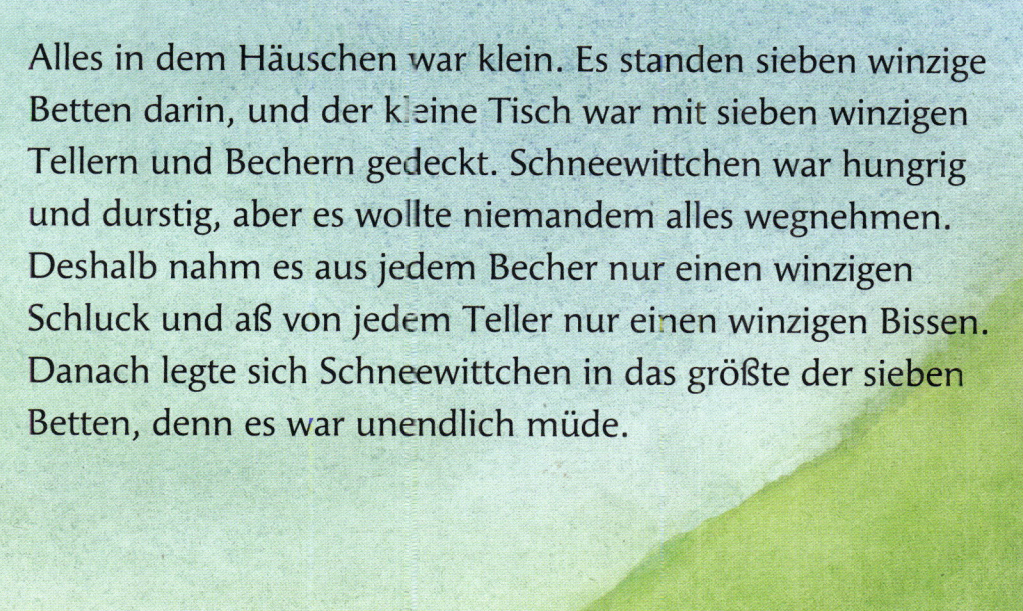

Als es dunkel geworden war, kamen die Bewohner des Häuschens von der Arbeit zurück. Es waren sieben Zwerge, die den ganzen Tag fleißig im Berg nach Gold und Erz gegraben hatten. Sofort bemerkten sie, dass etwas anders war als sonst.

Der erste Zwerg sagte: »Wer hat auf meinem Stühlchen gesessen?«

Der zweite: »Wer hat von meinem Tellerchen gegessen?«

Der dritte: »Wer hat von meinem Brötchen genommen?«

Der vierte: »Wer hat von meinem Gemüschen gegessen?«

Der fünfte: »Wer hat mit meinem Gäbelchen gestochen?«

Der sechste: »Wer hat mit meinem Messerchen geschnitten?«

Und der siebte: »Wer hat aus meinem Becherchen getrunken?«

»Kommt her, seht euch das an!«, rief plötzlich der erste Zwerg. Alle Zwerge kamen herbeigelaufen und betrachteten verwundert das schlafende Schneewittchen.
»Psst«, machten sie. »Wir wollen das Mädchen nicht wecken!«

Als Schneewittchen am nächsten Morgen erwachte, fragten die Zwerge freundlich: »Wer bist du, und woher kommst du?«
Da erzählte Schneewittchen ihnen von der bösen Stiefmutter.
»Du kannst gerne bei uns bleiben, wenn du unseren Haushalt machst«, sagte der siebte Zwerg. »Willst du für uns kochen, waschen und nähen?«
»Gerne«, antwortete Schneewittchen.
»Dann soll es dir bei uns immer gut gehen«, sagten die Zwerge.

»Hüte dich vor deiner Stiefmutter«, warnten die Zwerge, wenn sie nun morgens das Haus verließen und Schneewittchen allein zurückblieb. »Sie wird herausfinden, dass du hier bist. Lass niemanden herein!«
Schneewittchen versprach es.

»Spieglein, Spieglein an der Wand,
wer ist die Schönste im ganzen Land?«,
fragte die böse Königin nach einiger Zeit ihren Zauberspiegel.
Und der antwortete:
»Frau Königin, Ihr seid die Schönste hier,
aber Schneewittchen hinter den sieben Bergen
bei den sieben Zwergen ist tausendmal schöner als Ihr!«

Die Königin erblasste. Schneewittchen war also noch am Leben!
Ich muss selbst dafür sorgen, dass Schneewittchen stirbt, dachte die böse Frau.
Sie verkleidete sich als Krämerin und wanderte durch den Wald und über die sieben Berge.
Als sie am Zwergenhaus angelangt war, klopfte sie an die Tür und rief: »Schöne Gürtel zu verkaufen!«
Schneewittchen kam neugierig heraus, und die Krämerin zeigte ihm ihre Ware.

»Der macht eine schlanke Taille«, erklärte sie und legte Schneewittchen einen Gürtel um. Doch sie zog ihn so fest zu, dass Schneewittchen die Luft wegblieb und es wie tot zu Boden sank. »Nun bist du die Schönste gewesen!«, rief die böse Königin.

Als die Zwerge nach Hause kamen und Schneewittchen auf dem Boden liegen sahen, erschraken sie fürchterlich. Sie bemerkten gleich den fremden Gürtel und lösten ihn. Da erwachte Schneewittchen und erzählte, was passiert war.
Die Zwerge riefen wild durcheinander: »Die Krämerin war deine Stiefmutter! Du musst besser aufpassen!«

Inzwischen trat die böse Königin vor ihren Spiegel.
»Spieglein, Spieglein an der Wand,
wer ist die Schönste im ganzen Land?«, fragte sie.
Der Spiegel antwortete wieder:
»Frau Königin, Ihr seid die Schönste hier,
aber Schneewittchen hinter den sieben Bergen
bei den sieben Zwergen ist tausendmal schöner als Ihr!«

Die Königin stampfte mit dem Fuß auf. Wieder verkleidete sie sich und ging zum Zwergenhaus. Diesmal verkaufte sie Schneewittchen einen vergifteten Kamm. Sobald der Kamm Schneewittchens Haar berührt hatte, fiel das Mädchen wie tot zu Boden. Doch als die Zwerge abends nach Hause kamen und den Kamm entfernten, erwachte Schneewittchen wieder.

Die böse Königin erfuhr es von ihrem Zauberspiegel. Nun war sie sehr, sehr zornig. Sie ging in eine geheime Kammer und vergiftete dort einen Apfel. Dann verkleidete sie sich noch einmal.

Schneewittchen wollte gerade das Tischtuch am offenen Fenster ausschütteln, als eine alte Bäuerin auftauchte.
»Hier, ich schenke dir einen Apfel«, sagte die Frau.
»Ich darf nichts annehmen«, sagte Schneewittchen und wollte das Fenster schließen.

Die Frau kicherte. »Hast du Angst vor Gift? Schau, ich esse auch davon.«

Sie schnitt den Apfel in der Mitte durch und gab Schneewittchen die rote Hälfte. Sie selbst biss in die grüne.

»Siehst du, es passiert dir nichts«, sagte sie kauend.

Der Apfel sah köstlich aus, und Schneewittchen biss hinein. Die böse Königin hatte aber nur die rote Hälfte vergiftet. Und so fiel Schneewittchen im selben Augenblick tot zu Boden.

Diesmal konnten die Zwerge Schneewittchen nicht helfen. Und so antwortete der Zauberspiegel der Königin endlich:
»Frau Königin, Ihr seid die Allerschönste im ganzen Land!«
Die Zwerge aber weinten drei Tage lang um ihr Schneewittchen. Sie legten es in einen gläsernen Sarg, damit sie es immer betrachten konnten.

Nach langer Zeit kam ein Königssohn zum Zwergenhaus.
Er sah Schneewittchen in dem Sarg liegen und bat die Zwerge:
»Erzählt mir von ihr! Wer ist sie?«
»Es ist Schneewittchen!«, sagten die Zwerge traurig. »Sie war
immer fröhlich und hat sich so lieb um uns gekümmert!«
»Gebt mir den Sarg«, sagte der Prinz. »Ihr bekommt all
mein Gold dafür!«
»Nie im Leben verkaufen wir ihn!«,
antworteten die Zwerge.

»Dann schenkt ihn mir!«, flehte der Prinz.
Da erkannten die Zwerge, dass der Prinz Schneewittchen wirklich liebte, und gaben ihm den Sarg.
Als die Diener des Prinzen den Sarg forttrugen, stolperte jedoch einer von ihnen. Durch den Ruck hüpfte das vergiftete Apfelstückchen aus Schneewittchens Hals, und Schneewittchen schlug die Augen auf.

»Du lebst, oh, wie bin ich froh!«, rief der Prinz. Er nahm Schneewittchens Hände und sagte: »Ich habe dich lieber als alles auf der Welt. Es wäre so schön, wenn du bei mir bleiben würdest!«
Schneewittchen mochte den Prinzen gern. »Ich komme mit dir«, sagte es.
Zum Abschied umarmte Schneewittchen die Zwerge. »Besucht uns bald«, rief es. »Und habt vielen Dank für alles!«

Der Froschkönig

Es war einmal eine Prinzessin, die besaß eine wunderschöne goldene Kugel, die sie über alles liebte. An einem heißen Sommertag ging die Prinzessin zu dem Brunnen, der im Wald ihres Vaters stand, und spielte dort mit ihrer Kugel. Aber einmal fing sie sie nicht richtig, und die Kugel fiel ins Wasser. »Oh nein! Meine geliebte Kugel!«, rief die Prinzessin. »Die kriege ich nie wieder, der Brunnen ist so tief!«

Sie setzte sich an den Brunnenrand und weinte bitterlich. Da streckte ein Frosch seinen Kopf aus dem Wasser. Er schaute die Prinzessin neugierig an und sagte: »Ich wüsste schon, wie du deine goldene Kugel wiederbekommen kannst.«

Die Prinzessin blickte auf. »Wie denn?«, fragte sie.
»Na, ich könnte sie dir heraufholen«, meinte der Frosch.
»Ja, natürlich«, rief die Prinzessin froh. »Für dich ist das ja ganz leicht. Los, tauch hinunter!«
»So einfach geht das nicht«, sagte der Frosch.
Oh, ich habe vergessen, *Bitte* zu sagen, fiel der Prinzessin ein.
»Bitte« sagte sie deshalb.
»Ich will noch etwas anderes«, sagte der Frosch.
»Alles, was du willst!«, rief die Prinzessin. »Nur hol bitte meine Kugel wieder.«

»Ich will dein Freund sein«, sagte der Frosch. »Ich will immer bei dir sein. Ich will bei Tisch neben dir sitzen und mit dir vom selben Teller essen. Und in der Nacht will ich in deinem Bett schlafen. Wenn du mir das versprichst, will ich dir deine Kugel aus dem Brunnen holen.«

Die Prinzessin sah den Frosch an. Er konnte doch niemals der Freund eines Menschen sein! Ach, wahrscheinlich wusste er selber nicht, was er da redete.
»Ja, ja, versprochen«, sagte die Prinzessin schnell.
Da nickte der Frosch und tauchte hinunter in die Tiefe des Brunnens.

Wenig später kam der Frosch wieder herauf und warf der Prinzessin die goldene Kugel vor die Füße. »Danke!«, rief die Prinzessin und lief glücklich davon.
»Halt, warte, ich komm ja gar nicht hinterher«, rief der Frosch. Doch die Königstochter hörte ihn schon nicht mehr.

Am Abend saß die Prinzessin mit ihrem Vater und ihren Schwestern beim Abendessen. Da klopfte es an der Schlosstür. »Königstochter, jüngste, mach mir auf!«, rief eine Stimme. Die Prinzessin lief zur Tür und öffnete sie. Aber im nächsten Augenblick warf sie sie wieder zu. Da draußen saß der Frosch! Den hatte sie ja völlig vergessen.

»Wer war denn da?«, fragte der König.
»Niemand«, sagte die Prinzessin schnell, aber das Herz klopfte ihr bis zum Hals.
Der König sah seine Tochter streng an. Die Prinzessin seufzte. Dann erzählte sie von dem Frosch, der ihr die Kugel wiedergebracht hatte, und was sie ihm dafür versprochen hatte.
»Er ist eklig und glitschig. Er kann nicht mein Freund sein!«, erklärte die Prinzessin.
Da klopfte es zum zweiten Mal, und der Frosch rief: »Königstochter, jüngste, mach mir auf! Weißt du nicht mehr, was du mir versprochen hast?«
»Nun geh und mach auf, mein Kind«, sagte der König. »Ein Versprechen muss man halten!«

Zögernd öffnete die Prinzessin die Tür und ließ den Frosch hinein. Patschend folgte er ihr bis zu der gedeckten Tafel und sagte: »Königstochter, heb mich hinauf auf deinen Stuhl, ich will doch bei dir sitzen!«
Die Prinzessin tat, als hätte sie nicht gehört, aber ihr Vater mahnte: »Du hast es versprochen!«

Als der Frosch auf dem Stuhl saß, reichte er nicht bis an den Tisch und hüpfte deshalb einfach hinauf. »Schieb mir den Teller näher!«, sagte der Frosch.
»Kannst du nicht wenigstens *Bitte* sagen?«, fragte die Prinzessin empört.

Widerwillig schob die Prinzessin dem Frosch ihren goldenen Teller hin, und der ließ seine lange Zunge herausschnellen und begann genüsslich zu essen. Er hat wirklich überhaupt keine Tischmanieren, dachte die Prinzessin. Mir graut so, ich kann keinen Bissen mehr herunterbringen.

Als der Frosch endlich satt war, meinte er, er sei müde. »Trag mich in dein Schlafzimmer«, sagte er zu der Königstochter.
»Sicher nicht!«, entfuhr es der Prinzessin.
Da wurde ihr Vater ärgerlich. »Eine Prinzessin hält ihr Wort! Wenn du das dem Frosch versprochen hast, dann nimm ihn jetzt mit hinauf in dein Schlafzimmer.«

Tränen der Wut schossen der Prinzessin in die Augen. Mit spitzen Fingern nahm sie den Frosch und lief mit ihm die Treppe hoch zu ihrem Zimmer. Dort setzte sie ihn hastig auf den Boden.

»Nein, nein«, beschwerte sich der Frosch gleich. »Ich will in deinem Bett schlafen, ganz nah bei dir, hast du das schon vergessen?«

»Nie und nimmer!«, rief die Prinzessin. »Mein Bett gehört nur mir, und das teile ich mit niemandem!«
»Dann sage ich deinem Vater, dass du dein Wort brichst.« Und der Frosch hüpfte schon zur Tür.
»Du widerlicher Kerl, jetzt ist es aber genug!«, rief die Prinzessin zornig.

Sie packte den Frosch und schleuderte ihn mit all ihrer Wut gegen die Wand.
Als er auf den Boden fiel, war er aber kein Frosch mehr, sondern ein hübscher Prinz mit einem freundlichen Lächeln.
Die Prinzessin sah ihn mit großen Augen an und brachte kein Wort heraus.

»Jetzt staunst du, nicht wahr?« Der Prinz lachte. »Du musst wissen, ich bin von einer Hexe verzaubert worden. Nur eine Prinzessin, die tiefe Gefühle für mich hätte, würde mich erlösen können. Nur wenn sie mich entweder sehr lieb haben oder mich hassen würde. Wäre ich dir egal gewesen, hätte ich für immer ein Frosch bleiben müssen. Also bitte entschuldige mein Benehmen.«

»Ich fand dich eklig und außerdem unverschämt und frech!«, sagte die Prinzessin. »Aber nun bist du ganz anders.«
»Können wir jetzt Freunde sein?«, fragte der Prinz.
»Ja, gerne«, antwortete die Prinzessin.

Am nächsten Morgen fuhr ein Wagen mit acht weißen Pferden vor das Schloss. Auf dem Kutschbock saß Heinrich, der Diener des Prinzen.

»Heinrich, diese schöne Prinzessin hier hat mich erlöst!«, rief der Prinz freudig und hob die Prinzessin in die Kutsche. »Komm, ich möchte dir mein Königreich zeigen«, sagte er zu ihr.

Als der Prinz von der Hexe in einen Frosch verwandelt worden war, wurde sein treuer Diener schrecklich traurig. Vor Verzweiflung drohte das Herz des treuen Heinrich zu zerspringen. Deshalb hatte er sich drei eiserne Bänder geschmiedet, die sein Herz zusammenhalten sollten.
Nun aber war der Prinz glücklich und der eiserne Heinrich auch. So sehr, dass sein Herz vor Freude hüpfte. Da gab es ein lautes Knacken.

»Heinrich, der Wagen bricht«, rief der Prinz.
Der eiserne Heinrich antwortete:
»Nein, Herr, das ist der Wagen nicht,
es ist ein Band von meinem Herzen,
das dalag in Schmerzen,
als mein Herr im Brunnen saß
und ein Frosch war, grün wie Gras!«

Es krachte noch zwei Mal, als die beiden anderen Bänder sprangen. Doch nun erschrak der Prinz nicht mehr. Er fühlte sich einfach nur glücklich.

Aschenputtel

Es war einmal ein reicher Kaufmann, der hatte eine kranke Frau. Eines Tages spürte diese, dass sie sterben würde. Sie rief ihre Tochter zu sich und sagte: »Liebes Kind, der liebe Gott wird dir immer beistehen, und ich werde vom Himmel auf dich herabschauen und bei dir sein.«
Dann schloss sie die Augen und starb.

Jeden Tag ging das Mädchen nun zum Grab der Mutter. Als der Frühling kam, heiratete der Vater eine neue Frau. Diese brachte zwei Töchter mit ins Haus.
Die waren hübsch, aber im Herzen böse, und sie verspotteten ihre Stiefschwester immerzu. »Die dumme Gans soll nicht bei uns am Tisch sitzen, sie soll für uns arbeiten!«, riefen sie.

Die Schwestern nahmen dem Mädchen die schönen Kleider weg und gaben ihm einen schmutzigen Kittel.
Tagein, tagaus musste es von da an arbeiten.
Und schlafen durfte es nur noch vor dem Herd in der Asche.
Weil es davon so schmutzig wurde, nannten es alle nur noch Aschenputtel.

Einmal, als der Vater wieder auf Reisen ging, fragte er seine Töchter, was er ihnen mitbringen solle.

»Schöne Kleider«, sagte die eine Stieftochter gleich.

»Schmuck und Perlen!«, rief die zweite.

Aschenputtel sagte: »Bitte bring mir einen blühenden Zweig mit. Den ersten, der deinen Hut streift, lieber Vater.«

Der Vater kaufte für seine neue Frau Perlen und für die Stieftöchter schöne Kleider und Schmuck.
Auf dem Nachhauseweg streifte ihn ein Haselzweig.
Den brach er ab und brachte ihn seiner Tochter mit.
Aschenputtel lief damit gleich zum Grab der Mutter, pflanzte ihn ein und begoss ihn mit Tränen.

Mit der Zeit wuchs ein schöner Baum aus dem Haselzweig, und Aschenputtel saß oft in seinem Schatten und fühlte sich getröstet. An manchen Tagen saß ein weißer Vogel in dem Baum, und wenn Aschenputtel sich etwas wünschte, warf er es zu dem Mädchen herab.

Eines Tages hieß es, der Prinz wolle einen Ball geben, um sich eine Braut zu suchen. Drei Tage sollte das Fest dauern, und die beiden Stiefschwestern und ihre Mutter waren eingeladen.
»Aschenputtel, kämm uns die Haare! Putz uns die Schuhe!«, riefen sie.

Aschenputtel flehte und bettelte bei der Stiefmutter, dass es mit auf den Ball gehen durfte. Schließlich sagte diese: »Wenn du die Linsen, die ich in die Asche geschüttet habe, in einer Stunde ausgelesen hast, darfst du mitgehen.«
Wie sollte Aschenputtel das nur machen?

Da hatte es eine Idee, öffnete das Fenster und rief hinaus in den Garten:
»Ihr zahmen Täubchen, ihr Turteltäubchen, kommt, helft mir!
Die guten ins Töpfchen, die schlechten ins Kröpfchen.«

Zwei weiße Täubchen kamen zum Fenster herein, und pick, pick, pick, pickten sie in Windeseile alle guten Linsen aus der Asche und legten sie in eine Schüssel.
Freudig lief Aschenputtel mit der Schüssel zur Stiefmutter.
»Darf ich nun mit zu dem Fest?«, fragte es.

Die Stiefmutter betrachtete Aschenputtel von Kopf bis Fuß. »Du hast doch nicht im Ernst geglaubt, wir würden dich mitnehmen?«, sagte sie. »Mit dir müssten wir uns schämen, so schmutzig und zerlumpt, wie du bist! Du kannst auf kein Fest gehen!«
Tränen der Wut stiegen Aschenputtel in die Augen.
Aber die Stiefmutter war unerbittlich.

Aschenputtel war so enttäuscht! Als die böse Stiefmutter mit ihren Töchtern fort war, lief es zu dem Haselbaum und rief: »Bäumchen, rüttel dich und schüttel dich, wirf Gold und Silber über mich!«
Da warf der Vogel ein glitzerndes Kleid und bestickte Pantoffeln herunter. Voller Freude zog Aschenputtel die Sachen an. Es wusch sich eilig und lief zum Schloss.

Als Aschenputtel den Tanzsaal betrat, strahlten und funkelten seine Augen, so glücklich fühlte es sich.
Alle fragten sich, wer denn diese bezaubernde junge Frau sei.
Und auch die böse Stiefmutter und ihre Töchter erkannten Aschenputtel nicht.
Der Prinz wollte sofort nur noch mit Aschenputtel tanzen.
Er und seine Tänzerin fühlten sich so glücklich, dass sie förmlich über den Tanzboden schwebten.
Um Mitternacht wollte Aschenputtel nach Hause.
Der Prinz sagte: »Ich begleite dich!«, doch seine Tanzpartnerin lief einfach über die Treppe davon.

Am nächsten Tag ging das Fest weiter.
Die Stiefmutter und ihre Töchter ließen sich wieder von Aschenputtel kämmen und die Schuhe putzen. Als sie weg waren, lief Aschenputtel zu dem Haselbaum, und der Vogel warf ein noch schöneres Kleid herunter als am Tag davor.

Als Aschenputtel damit auf dem Ball erschien, strahlten seine Augen, und das war es, was dem Königssohn gefiel. Er tanzte wieder den ganzen Abend nur mit Aschenputtel, aber als es Mitternacht war, lief es wieder davon.

Am dritten Tag des Festes geschah es ganz gleich. Aschenputtel bekam ein wunderbares Kleid von dem Vogel im Haselbaum, tanzte wieder den ganzen Abend mit dem Prinzen und entwischte ihm um Mitternacht.
Diesmal jedoch hatte sich der Prinz etwas ausgedacht.

Er hatte die Schlosstreppe mit Pech bestreichen lassen, damit Aschenputtel nicht wieder davonlaufen konnte. Aber es blieb nur Aschenputtels goldener Schuh am Pech hängen.
Der Königssohn hob ihn auf.
Am nächsten Tag ritt der Prinz durchs Land und suchte das Mädchen, welchem dieser kleine und zierliche Schuh passte.
Keine andere sollte seine Braut sein.

Als der Prinz zu dem Haus der bösen Schwestern kam, nahm die Ältere den Schuh, ging damit in ihr Zimmer und probierte ihn an, doch ihre große Zehe passte nicht hinein.
»Hau die Zehe einfach ab«, sagte ihre Mutter und reichte ihr ein Messer.

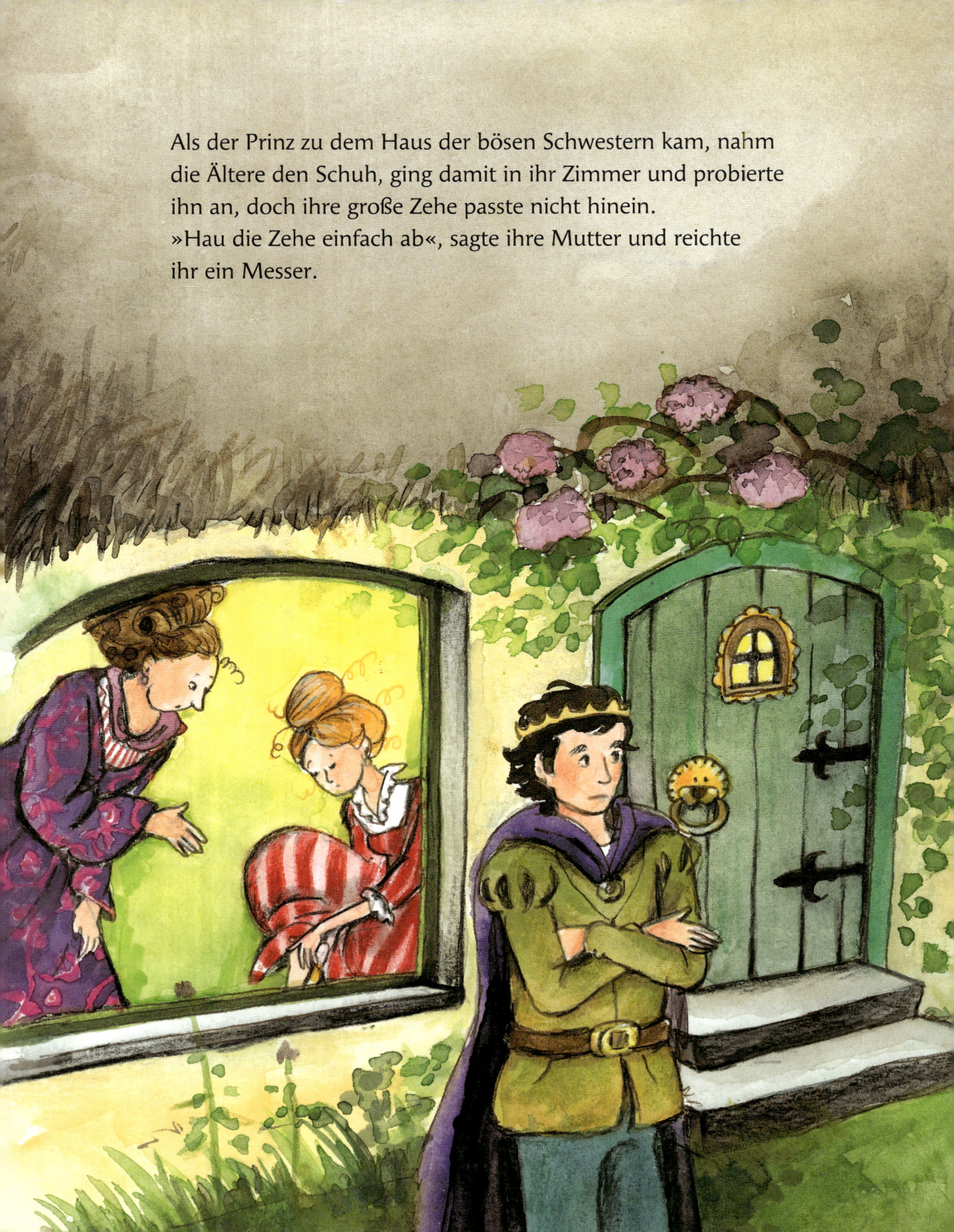

So machte es das Mädchen, verbiss sich den Schmerz, zwängte den Fuß in den Schuh hinein und zeigte sich damit dem Prinzen. Der hob es auf sein Pferd und ritt mit ihm fort. Als sie am Friedhof vorbeikamen, saßen zwei Turteltäubchen im Haselbaum und riefen:

»Ruckedigu, ruckedigu! Blut ist im Schuh! Der Schuh ist zu klein, die rechte Braut sitzt noch daheim.«

Die jüngere der beiden Schwestern schnitt sich die Ferse ab, um in den Schuh zu passen.
Doch wieder verrieten es die Turteltäubchen.
Der Prinz brachte auch diese falsche Braut zurück.
Da stand Aschenputtel in der Tür und sah den Prinzen an.
Das Mädchen war ganz voll Asche und Staub, doch er sah die strahlenden Augen, und sein Herz schlug schneller.
»Probier doch du den Schuh, bitte!«, sagte der Prinz.

Der Schuh passte wie angegossen.
»Wusste ich's doch«, sagte der Prinz überglücklich, und als das Mädchen sich aufrichtete und den Prinzen anlächelte, erkannte er seine Tänzerin wieder.

»Möchtest du meine Braut werden?«, fragte der Prinz.
Und Aschenputtel sagte sofort Ja.
Als sie an dem Haselstrauch vorbeikamen, riefen die beiden Täubchen:
»Ruckedigu, ruckedigu! Kein Blut ist im Schuh! Der Schuh ist nicht zu klein, die richt'ge Braut, die führt er heim.«

Rumpelstilzchen

Es war einmal ein armer Müller, der erzählte gerne Lügengeschichten, um sich vor den Leuten interessant zu machen. Eines Tages traf er den König, und dem erzählte er: »Meine Tochter ist hübsch und klug und nicht nur das: Sie kann Stroh zu Gold spinnen!«

Das gefiel dem König. »Bring deine Tochter heute Abend auf mein Schloss, dann will ich sehen, was sie kann«, sagte er.

Kaum war der König weg, bemerkte der Müller, was er da angestellt hatte. Was für einen Unsinn hatte er dem König nur erzählt? Das kommt davon, weil ich immer so angeben muss, dachte der Müller betrübt. Er erzählte alles seiner hübschen Tochter. »Komm, wir gehen zusammen aufs Schloss und sagen dem König, dass ich gelogen habe«, sagte der Müller.

»Du brauchst mich nicht zu begleiten«, sagte die Müllerstochter zu ihrem Vater. »Ich gehe alleine aufs Schloss und werde dem König erklären, dass du das nicht ernst gemeint hast. Er wird das schon verstehen. Zum Abendessen bin ich wieder da«, sagte sie und winkte.

Als die Müllerstochter aufs Schloss kam, führte der König sie in eine Kammer, die voller Stroh war.
»Setz dich ans Spinnrad«, befahl er. »Wenn du bis zum Morgen nicht all das Stroh zu Gold versponnen hast, dann weiß ich, dass dein Vater gelogen hat, und du musst sterben!«
»Aber ...«, begann die Müllerstochter. Doch da hatte der König schon die Tür hinter sich geschlossen.

Da saß die arme Müllerstochter nun zwischen all dem Stroh und blickte verzweifelt um sich. »Oh, was soll ich nur machen?«, sagte sie und schluchzte. »Was hat mein Vater bloß erzählt? Ich kann doch gar kein Stroh zu Gold spinnen!«

Da ging die Tür auf, und ein kleines Männlein trat ein. »Warum weinst du denn, Müllerstochter?«, fragte es.
»Ach, weil ich all das Stroh zu Gold spinnen soll und weil ich sterben muss, wenn es mir nicht gelingt«, antwortete sie.
»Was gibst du mir, wenn ich es für dich spinne?«, fragte das Männlein.

»Ich gebe dir mein Halsband«, rief die Müllerstochter. Das Männlein nahm das Halsband und setzte sich ans Spinnrad. Schnurr, schnurr, schnurr, dreimal gezogen, und schon war die erste Spule voll. Und so ging's bis in den Morgen hinein, und alles Stroh war versponnen und die Spulen voll Gold.

Als der König die Kammer betrat, fingen seine Augen an zu leuchten. Die Müllerstochter hoffte, dass sie nun nach Hause gehen konnte. Aber der König wollte nur noch mehr Gold haben.

Er führte die Müllerstochter in eine noch größere Kammer voll Stroh und befahl ihr, auch dieses Stroh zu Gold zu spinnen. »Bis morgen bei Sonnenaufgang muss alles fertig sein, sonst musst du sterben!«, sagte der König und verschloss die Tür.

Das Mädchen setzte sich in eine Ecke und weinte. Da kam abermals das Männlein hereingeschlüpft. »Was gibst du mir, wenn ich dir helfe?«, fragte es.

»Meinen Ring!«, sagte die Müllerstochter schnell. Das Männlein nahm den Ring und begann zu spinnen. Schnurr, schnurr, schnurr, dreimal gezogen, und schon war die erste Spule voll. Bis zum Sonnenaufgang hatte das Männlein das ganze Stroh zu Gold gesponnen.

Der König aber hatte immer noch nicht genug. Er führte die Müllerstochter in eine dritte Kammer. Die war noch größer und bis unters Dach mit Stroh gefüllt. »Spinn auch dieses Stroh zu Gold«, sagte der König. »Wenn du das bis zum Sonnenaufgang schaffst, nehme ich dich zu meiner Frau.«
Der König verschloss die Tür, und die Müllerstochter war wieder allein.

»Wer will schon einen so goldgierigen und lieblosen Ehemann?«, murmelte die Müllerstochter. »Was soll ich nur tun? Ich kann froh sein, wenn das Männlein mir noch ein drittes Mal hilft und ich nicht sterben muss!«

»Ja, da kannst du froh sein«, sagte eine Stimme hinter ihr. Das Mädchen wandte sich um, und da stand das Männlein wieder.

»Müllerstochter, was gibst du mir, wenn ich dir auch diesmal helfe?«

Verzweifelt blickte das Mädchen das Männlein an. »Ich habe nichts mehr, was ich dir geben kann.«

»Dann versprich mir dein erstes Kind«, sagte das Männlein.

»Mein erstes Kind? Ein Kind verschenkt man doch nicht!«, rief die Müllerstochter.

Das Männlein zuckte die Schultern. »Na, dann wirst du wohl sterben müssen. Dein erstes Kind, oder ich helfe dir nicht!«
Da willigte die Müllerstochter schweren Herzens ein, und das Männlein machte sich an die Arbeit.
Eine Spule nach der anderen füllte sich mit Gold, und als die Sonne aufging, war auch der allerletzte Strohhalm versponnen. Der König war begeistert, als er das viele Gold sah. Schon ein paar Tage später wurde die Hochzeit gefeiert, und aus der Müllerstochter wurde eine Königin.

Nach einem Jahr brachte die Königin ein Kind zur Welt und war glücklich. Das seltsame Männlein hatte sie völlig vergessen. Doch eines Tages stand es vor ihr. »Gib mir dein Kind«, sagte es.
»Nie im Leben!«, rief die Königin.
»Du hast es versprochen!«, erinnerte das Männlein sie.

Da bot ihm die Königin all ihren Schmuck, alle Edelsteine, all die Reichtümer des Königreichs an.

»Das alles will ich nicht«, winkte das Männlein ab. »Ich will dein Kind! Also, her damit!«

Die Königin weinte bitterlich, und das Männlein bekam Mitleid.

»Drei Tage gebe ich dir Zeit. Wenn du bis dahin meinen Namen weißt, darfst du dein Kind behalten«, sagte es und verschwand.

Die ganze Nacht über grübelte die Königin und schrieb alle Namen auf, die ihr einfielen. Sie schickte auch einen Boten ins Land, der sich nach den Namen erkundigen sollte, die es weit und breit gab.

Als am nächsten Tag das Männlein erschien, zählte die Königin alle Namen auf, die sie kannte. »Heißt du vielleicht Kaspar, oder Melchior?«, fragte die Königin.

Aber jedes Mal rief das Männlein: »Nein, so heiß' ich nicht!«

Am zweiten Tag nannte die Königin noch mehr Namen, aber das Männlein kicherte nur und rief: »Nein, so heiß' ich nicht.«

Am dritten Tag kam der Bote zurück und teilte der Königin mit, dass er keinen einzigen neuen Namen mehr hatte finden können. »Aber als ich auf dem Nachhauseweg durch den Wald ritt, Frau Königin, dort, wo Fuchs und Hase sich Gute Nacht sagen, da sah ich ein kleines Häuschen. Vor dem Häuschen loderte ein Feuer, und um das Feuer herum sprang ein seltsames Männlein auf einem Bein. Es sang immerzu:
›Heute back ich, morgen brau ich,
übermorgen hol ich der Königin ihr Kind;
ach, wie gut, dass niemand weiß,
dass ich Rumpelstilzchen heiß'!‹«

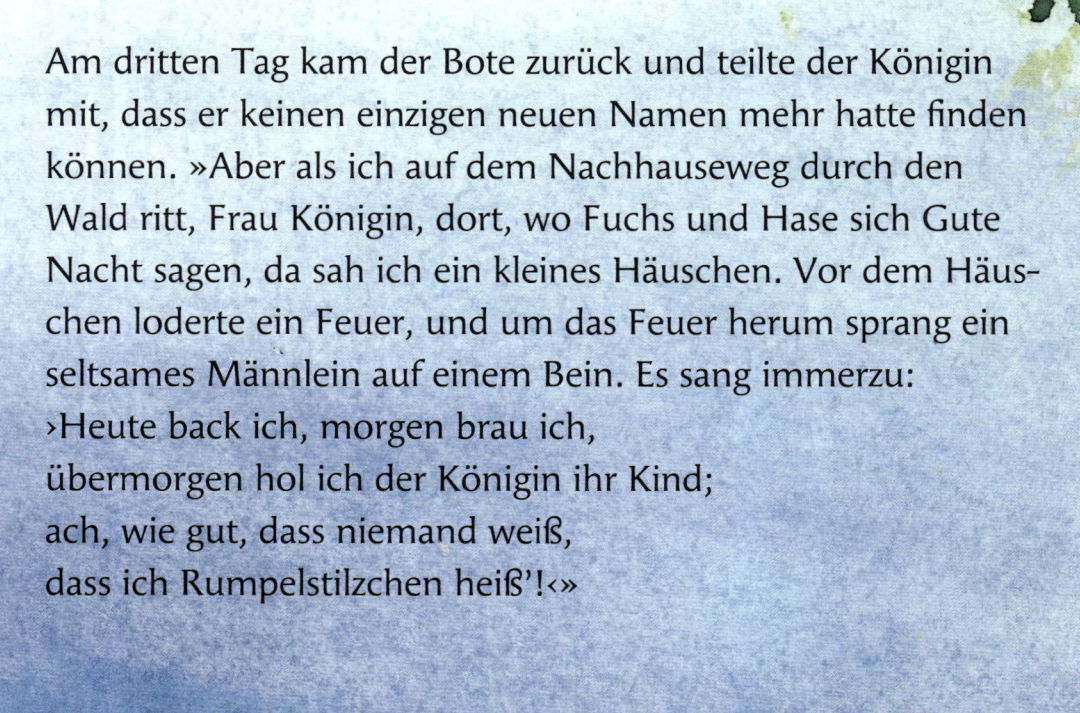

Die Königin fiel dem Boten vor Freude um den Hals. Nun konnte das Männlein ruhig kommen! Es dauerte auch nicht lange, da stand es vor ihr.

»Nun, wie heiße ich?«, fragte es. »Du weißt, wenn du heute nicht meinen Namen errätst, dann nehme ich dein Kind mit!«

Die Königin musste sich auf die Lippen beißen, um nicht zu lachen. »Na ja, ich weiß nicht«, sagte sie.

»Heißt du vielleicht Hinz oder Kunz?«

»Nein, so heiß' ich nicht«, rief das Männlein.

»Na, dann heißt du vielleicht Rumpelstilzchen?«

»Woher weißt du das? Wer hat dir das gesagt?«, schrie das Männlein wütend. Es war so zornig, dass es mit dem Fuß so fest aufstampfte, dass der Boden nachgab und das Männlein in der Erde verschwand.

Die Königin war unsagbar erleichtert und lief zur Wiege. »Du bist das Liebste und Wertvollste, was ich habe«, sagte sie zu ihrem Kind. Dann nahm sie es auf den Arm und tanzte mit ihm glücklich durch das ganze Schloss.

Der Wolf und die sieben Geißlein

Es war einmal eine Geiß, die hatte sieben kleine Geißenkinder, die sie über alles liebte. Eines Tages musste sie in den Wald, um Futter zu holen. Da rief sie ihre Kinder zu sich und sagte: »Kinder, ich muss hinaus in den Wald. Passt gut auf euch auf und sperrt die Türe zu. Nehmt euch in Acht vor dem Wolf! Wenn ihr ihn hereinlasst, frisst er euch mit Haut und Haaren. Er ist hinterlistig und tut, als wäre er ganz freundlich, aber an seiner rauen Stimme und seinen schwarzen Pfoten werdet ihr ihn gleich erkennen.«
»Ja, liebe Mutter, wir passen auf!«, riefen die kleinen Geißlein. »Mach dir keine Sorgen!«

Die Geißenmutter ging beruhigt los.
Wenig später klopfte es an der Tür.
»Wer kann das sein?«, flüsterten die kleinen Geißlein aufgeregt.
»Macht auf, ihr lieben Kinder«, sagte eine raue Stimme draußen vor der Tür. »Ich bin es, eure Mutter.«

»Darauf fallen wir nicht rein!«, riefen die Geißlein sogleich.
»Unsere Mutter hat eine sanfte Stimme. Du bist der böse Wolf!
Und dir machen wir nicht auf!«

Verärgert ging der Wolf zum Krämer hinunter ins Dorf und kaufte ein Stück Kreide. Das aß er auf, und seine Stimme wurde samtweich davon. Auf dem Weg zurück zum Geißenhaus probierte er die Stimme aus und war zufrieden.
»Liebe Kinder, macht auf«, rief der Wolf mit seiner neuen Stimme. »Ich bin es, eure Mutter!«

Aber der Wolf hatte seine Pfote auf das Fensterbrett gelegt, und die kleinen Geißlein sahen das schwarze Fell.

»Unsere Mutter hat weißes Fell!«, riefen sie sogleich.

»Du bist der böse Wolf! Und dir machen wir nicht auf!«

Da lief der Wolf zum Bäcker und sagte: »Ich hab mir den Fuß verstaucht, streich mir Teig über die Pfote!« Danach lief er zum Müller und befahl: »Streu mir Mehl auf die Pfote.«

»Wozu denn das?«, wollte der Müller wissen. Er ahnte, dass der Wolf etwas im Schilde führte.

Der Wolf knurrte ungeduldig: »Tu, was ich dir sage, sonst fresse ich dich!«

Da gehorchte der Müller.

Zum dritten Mal lief der Wolf zum Haus der Geißlein.
Er legte gleich die weiße Pfote aufs Fensterbrett und rief:
»Ihr Kinder, macht auf! Ich bin es, eure Mutter!«
Die Kinder zögerten. Die Stimme war hell, die Pfote weiß,
aber sie hatten ein komisches Gefühl.

»Ich habe euch etwas Schönes mitgebracht!«, rief die sanfte Stimme draußen vor der Tür.
Da wurden die Geißlein neugierig.
Überraschungen liebten sie! Und so sperrten sie die Türe auf.

Mit einem wilden Satz sprang der Wolf in die Stube.
Das Maul riss er ganz weit auf.
Entsetzt rannten die Geißlein in alle Richtungen davon,
um sich zu verstecken.

Das erste sprang unter den Tisch, das zweite ins Bett, das dritte hinter den Ofen, das vierte in die Küche, das fünfte in den Schrank, das sechste unter die Waschschüssel.

Das siebente und kleinste schließlich fand nur noch im Kasten der Wanduhr einen Platz.

Der Wolf fand sie alle und verschlang sie mit Haut und Haaren, genau wie die Mutter es gesagt hatte.
Nur das jüngste Geißlein im Uhrenkasten, das fand er nicht.

Als alles still war, öffnete das jüngste Geißlein den Uhrenkasten ein wenig und spähte hinaus.
Die Stube war leer. Der Wolf war nicht mehr da.
Alle seine Geschwister hatte er gefressen, dieser Bösewicht! Das Geißlein weinte laut.
Dann blickte es aus dem Fenster und sah den Wolf.
Der lag satt und zufrieden im Garten und schlief.

Wenig später kam die Geißenmutter nach Hause und erschrak, als sie sah, dass die Haustür weit offen stand.
Da rannte ihr das kleinste Geißlein entgegen.
»Der böse Wolf war da«, rief es und weinte wieder. »Er hat uns ausgetrickst!« Das Geißlein deutete aus dem Fenster.
Als die Mutter den Wolf mit dem dicken Bauch im Gras liegen sah, wusste sie, dass er ihre Kinder gefressen hatte.

Die Geiß betrachtete den Wolf und sah, dass sich sein Bauch bewegte.
Das kleine Geißlein blickte seine Mutter an. »Nun wird alles gut«, sagte es zu ihr. Du weißt immer, was zu tun ist.«
Und wirklich, die Mutter hatte eine Idee.
Sie holte eine Schere und schnitt dem schlafenden Wolf den Bauch auf.

Da sprang ein Geißlein nach dem anderen heraus.
Alle waren sie heil und gesund. Der Wolf hatte sie in seiner
Gier einfach in einem Stück hinuntergeschluckt.
»Oh, wie bin ich froh, dass euch nichts passiert ist«, sagte die
Mutter und schloss all ihre Kinder in die Arme. Die sieben
Geißlein lachten und redeten aufgeregt durcheinander.
»Nicht so laut«, mahnte die Mutter. »Sonst wacht
der Wolf noch auf.«

»Nun holt Steine«, sagte die Mutter, »und auch Nadel und Zwirn!« Eifrig liefen die Kinder los und schleppten große Steine herbei. Die stopften sie in den Bauch des bösen Wolfes. Zum Schluss nähte die Geißenmutter den Bauch wieder zu.

Als der Wolf erwachte, bekam er schreckliches Durst.
Mühsam schleppte er sich zum Brunnen. Dabei schlugen die
Steine in seinem Bauch aneinander.
»*Was rumpelt und pumpelt in meinem Bauch herum?
Ich meinte, es wären sechs Geißlein, klingen tut's wie Wackersteine!*«
Und als er sich über den Rand des Brunnens beugte, um zu
trinken, fiel er Hals über Kopf ins Wasser.

Als die sieben Geißlein das sahen, fassten sie sich an den Händen und begannen, um den Brunnen herumzutanzen.
Die Geißenmutter tanzte mit, und sie sangen:
»*Der Wolf ist tot, der Wolf ist tot!*«

Rapunzel

Es waren einmal ein Mann und eine Frau, die erwarteten ein Kind.
Eines Tages schaute die Frau durch ein kleines verstecktes Fenster in einen prächtigen Garten. Er gehörte einer gefürchteten Zauberin und war von einer hohen Mauer umgeben.

In einem der Beete entdeckte die Frau frische Rapunzeln. Sofort wollte sie davon probieren.
»Siehst du die Rapunzeln dort?«, fragte sie ihren Mann. »Sie sehen so köstlich aus, dass ich sterbe, wenn ich nicht von ihnen esse.«
Der Mann erschrak. Aber weil er seine Frau über alles liebte und sich um ihr Wohl sorgte, wollte er ihren Wunsch erfüllen.

Als es dämmerte, kletterte der Mann über die Mauer in den Garten der bösen Zauberin. Schnell riss er eine Handvoll Rapunzeln aus der Erde und brachte sie seiner Frau. Die machte sich sogleich einen Salat daraus und aß ihn hastig auf.

Am nächsten Tag wollte die Frau noch mehr Rapunzeln essen. So stieg der Mann abermals über die Mauer in den Garten. Da stand plötzlich die gefürchtete Zauberin vor ihm.

»Was fällt dir ein, meine Rapunzeln zu stehlen?«, schrie sie. »Verzeiht mir«, sagte der Mann. »Ich hatte keine Wahl. Meine Frau hat sich diese Rapunzeln sehnlichst gewünscht. Sie erwartet ein Kind. Deshalb tue ich alles, damit sie gesund bleibt.«

»Ein Kind?«, fragte die Zauberin. »Wenn das wahr ist, nimm so viele Rapunzeln, wie du nur tragen kannst. Aber dafür hole ich mir eure Tochter, sobald sie auf der Welt ist.«
Der Mann hörte gar nicht recht hin, was die Zauberin sagte. So schnell es ging, rupfte er die Rapunzeln aus und eilte davon.

Als das Kind zur Welt kam, erschien noch am selben Tag die Zauberin. Sie nahm den Eltern das Mädchen weg und verschwand mit ihm in einer Wolke aus weißem Nebel.
Die Zauberin freute sich, dass sie nun ein Kind hatte. Sie gab ihm den Namen Rapunzel.
Das Kind wuchs zu einem wunderschönen Mädchen heran. Jeder bewunderte ihr Haar, denn es war lang und fein wie gesponnenes Gold. Da bekam die Zauberin Angst, jemand könnte ihr Rapunzel wegnehmen.

Als Rapunzel zwölf Jahre alt war, schloss die Zauberin das Mädchen in einen Turm im Wald ein. Weder eine Tür noch eine Treppe führten in das Zimmer des Mädchens. Nur ein kleines Fenster ließ etwas Licht hinein.

Die Zauberin war zufrieden. Niemand wusste, wo Rapunzel war, niemand konnte sie ihr wegnehmen.
Jeden Tag kam sie Rapunzel besuchen, denn das Mädchen war das Liebste, was sie hatte.

Wenn die Zauberin unten am Turm stand,
so brauchte sie nur zu rufen:
»*Rapunzel, Rapunzel,
lass dein Haar herunter!*«
Dann trat Rapunzel ans Fenster, wickelte ihren langen
Zopf um den Fensterhaken und ließ ihr Haar herunter.
Es war so lang, dass es bis zum Waldboden reichte. So
konnte die Zauberin daran hochklettern.
Es vergingen einige Jahre, und weil Rapunzel oft einsam
war, vertrieb sie sich die Zeit mit Singen.

Eines Tages ritt ein junger Königssohn durch den Wald. Rapunzels Gesang lockte ihn zum Turm. Doch der Turm hatte keine Tür. So ritt der Königssohn enttäuscht davon.

Der schöne Gesang ging dem Prinzen nicht mehr aus dem Sinn. Wer so singt, muss eine reine Seele haben, dachte er. Jeden Tag kam er nun in den Wald und lauschte dem geheimnisvollen Gesang.
Eines Tages stand eine Zauberin unten am Turm. Der Königssohn versteckte sich rasch hinter einem Baum und hörte, wie die Zauberin rief:
»*Rapunzel, Rapunzel,*
lass dein Haar herunter!«

Da erschien ein wunderschönes Mädchen im Turmfenster. Sie ließ ihren langen Zopf herunter, und die Zauberin kletterte daran hinauf.
So werde ich es auch machen, dachte der Prinz.
Am Abend, als es dämmerte, rief der Prinz mit verstellter Stimme die Worte der Zauberin.

Der lange Zopf sauste herab, und der Prinz kletterte daran hinauf. Als er durch das Fenster stieg, erschrak Rapunzel. Doch der Prinz sprach freundlich zu ihr. So fasste Rapunzel Vertrauen.
Jeden Abend kam der Prinz das Mädchen nun heimlich im Turm besuchen.

Bald sehnte sich Rapunzel danach, mit dem Prinzen ein neues Leben zu beginnen.

»Ich schneide meinen Zopf ab, binde ihn am Fensterhaken fest, klettere hinunter und reite mit dir davon«, sagte sie eines Tages zum Prinzen.

»Aber dann verlierst du dein schönes langes Haar, das ich so liebe«, sagte der Prinz. »Warte noch bis morgen. Ich bringe eine Strickleiter mit und befreie dich damit aus dem Turm.«

Es kam aber alles anders.

Rapunzel hatte den Prinzen stets vor der Zauberin geheim gehalten. Als aber die Zauberin am nächsten Morgen an dem Zopf hochkletterte, verplapperte sich Rapunzel. Sie sagte: »Wie schwer du doch bist. Viel schwerer als der junge Prinz.«

»Was muss ich da hören?«, rief die Zauberin. »Hat es etwa nichts genutzt, dich vor der Welt zu verstecken?«
»Ja, ein Prinz hat mich gefunden!«, rief Rapunzel. »Und ich will mit ihm ein neues Leben beginnen!«
Da schrie die Zauberin mit Donnerstimme: »Aber du gehörst mir!«
In ihrem Zorn schnitt sie Rapunzel das lange Haar, ritsch, ratsch, ab. Dann brachte sie das Mädchen
an einen einsamen Ort.

Den abgeschnittenen Zopf band die Zauberin am Fensterhaken des Turmes fest und wartete.
Als es dämmerte, kam der Prinz angeritten. Er kletterte den Turm hinauf.
Die böse Zauberin lachte: »Du suchst wohl deine Liebste. Aber der schöne Vogel singt nicht mehr. Du wirst Rapunzel nie wiedersehen!«

Außer sich vor Schmerz sprang der Königssohn aus dem Turmfenster. Viele Monate irrte er blind vor Kummer durch die Wälder.

Er machte sich schreckliche Vorwürfe: »Oh, hätte ich doch bloß auf Rapunzel gehört! Sie hätte ihr Haar abgeschnitten, und wir wären aus dem Turm geflüchtet. Nun habe ich sie für immer verloren.«

Eines Tages kam der Prinz an den Ort, an dem Rapunzel lebte. Er erkannte ihren Gesang und folgte ihm.

Rapunzel hatte inzwischen Zwillinge geboren. Einen Jungen und ein Mädchen. Der Prinz schloss Mutter und Kinder in die Arme. »Wie habe ich dich vermisst!«, sagte er zu Rapunzel. »Deinen klaren Gesang, dein liebes Wesen.«

Dann setzte er Rapunzel und die Kinder auf sein Pferd.
Gemeinsam ritten sie in sein Königreich. Dort lebten
sie glücklich und zufrieden.

Frau Holle

Es war einmal eine Witwe, die hatte zwei Töchter. Beide hießen Marie. Die eine Tochter war faul und hässlich, die andere fleißig und schön. Die Witwe hatte aber nur die faule Tochter lieb, weil die ihre richtige Tochter war. Die andere war ihre Stieftochter. Sie musste sich um die ganze Hausarbeit kümmern und bekam dafür nicht ein einziges freundliches Wort.

Eines Tages musste die fleißige Tochter Wolle spinnen. Es war ein heißer Sommer, und so stellte das Mädchen ihr Spinnrad nach draußen in den Schatten. Ihre faule Stiefschwester lag im Gras und sah ihr bei der Arbeit zu.
Da stach sich das Mädchen in den Finger, und das Blut tropfte auf die Spindel. Schnell lief sie zum Brunnen, um das Blut abzuwaschen. Da glitt ihr die Spindel aus den Händen und fiel hinab.

Ihre Stiefschwester lachte und eilte sogleich ins Haus, um der Mutter von dem Missgeschick zu erzählen. Die Stiefmutter ärgerte sich: »Wenn du schon so ungeschickt bist, die Spindel in den Brunnen fallen zu lassen, dann hol sie gefälligst auch wieder herauf!«, schimpfte sie.

Das Mädchen ging zurück zum Brunnen. Mit einem Kescher versuchte sie, die Spindel zu angeln. Dabei beugte sie sich so weit über den Brunnenrand, dass sie kopfüber hineinfiel und ohnmächtig wurde.

Als das Mädchen wieder zu sich kam und die Augen öffnete, lag sie auf einer wunderschönen Blumenwiese. Das Mädchen schaute sich um und entdeckte einen Ofen, der voll war mit Brot. Verwundert trat sie näher. Das Brot rief:

*»Zieh mich raus, zieh mich raus,
ich bin längst ausgebacken!«*

Das Mädchen nahm den Brotschieber und holte einen Brotlaib nach dem anderen aus dem Ofen.

Das Mädchen ging weiter und kam bald an einen Apfelbaum. Seine Äste waren ganz schwer von den vielen reifen Äpfeln.

Die Äste riefen:

*»Schüttel uns, schüttel uns,
die Äpfel sind längst reif!«*

Das Mädchen schüttelte alle Äpfel herunter und legte sie auf einen Haufen zusammen.

Wenig später kam das Mädchen an ein kleines Häuschen. Eine alte Frau schaute aus dem Fenster. Als sie dem Mädchen zulächelte, verzog sich ihr Gesicht in viele Falten, und das Mädchen erschrak.
»Liebes Kind, hab keine Angst«, rief die alte Frau mit freundlicher Stimme. »Bleib doch! Ich bin Frau Holle, und wenn du mir bei der Hausarbeit hilfst, kannst du bei mir wohnen. Es soll dir gut gehen bei mir!«

Das Mädchen zögerte, aber sie spürte, dass Frau Holle ein gutes Herz hatte, und so blieb sie bei ihr.

Jeden Morgen half das Mädchen beim Bettenmachen. »Schüttel die Bettdecken gut aus«, sagte Frau Holle. »Dann schneit es unten auf der Erde, und alle Kinder freuen sich!«
Auch das Mädchen freute sich, wenn sie sah, wie sich die Federn in Schneeflocken verwandelten.
Die Arbeit machte ihr Spaß, und sie hielt Haus und Garten sauber und ordentlich. Dafür sorgte Frau Holle gut für das Mädchen und war stets freundlich.

Nach einiger Zeit bekam das Mädchen Sehnsucht nach ihrem Zuhause, ihrer Schwester und ihrer Stiefmutter. Bald aß sie vor lauter Kummer nicht mehr und schlief kaum noch.
Frau Holle merkte, dass das Mädchen Heimweh hatte: »Es gefällt mir, dass du wieder nach Hause möchtest«, sagte sie. »Und weil du mir all die Zeit so fleißig geholfen hast, will ich dich zurück in deine Welt bringen.«

Sie nahm das Mädchen bei der Hand und führte es zu einem großen Torbogen. Als das Mädchen darunterstand, fiel ein Goldregen auf sie herab. All das Gold blieb an ihr hängen und bedeckte sie von Kopf bis Fuß.
Frau Holle lächelte. »Das ist dein Lohn«, sagte sie.

Das Tor schloss sich, und das Mädchen stand wieder neben dem Brunnen, nicht weit vom Haus ihrer Stiefmutter entfernt.
Als sie über den Hof ging, krähte der Hahn:

»*Kikeriki, kikeriki,
unsere Goldmarie ist wieder hie!*«

Die Stiefmutter und ihre Tochter starrten die Goldmarie mit offenen Mündern an: »Warum bist du über und über mit Gold bedeckt?«, fragte die Stiefmutter.
Da erzählte das Mädchen von Frau Holle.
Als sie fertig war, lief sogleich die faule Tochter zum Brunnen. Auch sie wollte zu Frau Holle, auch sie wollte mit Gold belohnt werden; und so sprang sie in die Tiefe des Brunnens.

Als das faule Mädchen auf die Blumenwiese kam, sah sie dort den Ofen, und auch diesmal rief das Brot:

*»Zieh mich raus, zieh mich raus,
ich bin längst ausgebacken!«*

Aber das Mädchen dachte nicht daran, sich die Finger an dem rußigen Ofen schmutzig zu machen, und ging weiter.
Wenig später kam sie zu dem Apfelbaum. Wieder riefen die Äste:

*»Schüttel uns, schüttel uns,
die Äpfel sind längst reif!«*

Doch das Mädchen schüttelte nur den Kopf.
»Das ist mir viel zu anstrengend«, sagte sie.
Stattdessen pflückte sie sich einen Apfel,
aß ihn auf und spazierte weiter.

Bald erreichte das Mädchen das Haus von Frau Holle. Diese schaute aus dem Fenster und lächelte. Das Mädchen aber ging weiter, ohne das Lächeln zu erwidern. Da fiel ihr ein, dass dies Frau Holle sein musste. Sie kehrte um und verlangte nach Arbeit.

Am ersten Tag war das Mädchen fleißig, und Frau Holle war sehr zufrieden. Am zweiten Tag schon kehrte das Mädchen den Staub von einer Ecke in die andere und schüttelte die Bettdecken so widerwillig aus, dass nur ein paar einzelne Federn als Schneeflocken auf die Erde rieselten.

Da sagte Frau Holle: »Ich glaube, es ist besser, du gehst wieder nach Hause.«

Das Mädchen nickte eifrig. Glaubte sie doch, nun auch reichlich belohnt zu werden.

Frau Holle führte das Mädchen zum Torbogen. Doch als das Mädchen darunterstand, regnete es kein Gold. Schwarzes Pech fiel hinunter und blieb an ihr hängen.

»Das ist der Lohn für deine Arbeit«, sagte Frau Holle und schloss das Tor.

Als das Mädchen nach Hause kam, krähte der Hahn:

»Kikeriki, kikeriki,
die Pechmarie ist wieder hie!«

Die Leute im Dorf lachten über das rabenschwarze Mädchen. Nur die Stiefschwester lachte nicht. Sie hatte Mitleid und half, das Pech abzuschrubben. Dafür dankte das Mädchen ihrer Stiefschwester von Herzen – war sie selbst doch nie freundlich zu ihr gewesen.

Von nun an kümmerten sich die beiden Schwestern gemeinsam um die Hausarbeit. Schon bald hatten sie das sauberste Haus und den schönsten Garten im ganzen Dorf, und sie waren stolz auf ihr gemeinsames Werk.

Die Autorin und Illustratorin

Eleni Livanios (ehem. Zabini), 1975 geboren, hat bereits als Kind gerne gemalt und gezeichnet. Sie studierte Kunstgeschichte in Graz. Seit 2003 ist Eleni Livanios als freie Illustratorin für verschiedene Verlage tätig und leitet Illustrations-Workshops in Schulen. Sie hat zwei Kinder und lebt in Graz.

Die Brüder **Jacob und Wilhelm Grimm** wurden 1785 bzw. 1786 in Hanau geboren. Sie wuchsen in einer kinderreichen Juristenfamilie auf und gingen später einen gemeinsamen Lebensweg: Beide studierten Rechtswissenschaften, arbeiteten zeitweilig als Bibliothekar und folgten später einem Ruf an die Universität Göttingen. Im Zeitraum von 1812 bis 1822 veröffentlichen sie die dreibändige Sammlung der KINDER- UND HAUSMÄRCHEN, die in die Weltliteratur einging. Ihre vollständige Märchensammlung umfasste am Ende über 200 Volksmärchen und Sagen.
Jacob und Wilhelm Grimm starben 1863 bzw. 1859 in Berlin.

Quellenverzeichnis

Livanios, Eleni: Dornröschen
Illustrationen von Eleni Livanios
© ellermann im Dressler Verlag GmbH, Hamburg 2012

Livanios, Eleni: Hänsel und Gretel
Illustrationen von Eleni Livanios
© ellermann im Dressler Verlag GmbH, Hamburg 2010

Livanios, Eleni: Rotkäppchen
Illustrationen von Eleni Livanios
© ellermann im Dressler Verlag GmbH, Hamburg 2012

Livanios, Eleni: Schneewittchen
Illustrationen von Eleni Livanios
© ellermann im Dressler Verlag GmbH, Hamburg 2012

Livanios, Eleni: Der Froschkönig
Illustrationen von Eleni Livanios
© ellermann im Dressler Verlag GmbH, Hamburg 2013

Livanios, Eleni: Aschenputtel
Illustrationen von Eleni Livanios
© ellermann im Dressler Verlag GmbH, Hamburg 2013

Livanios, Eleni: Rumpelstilzchen
Illustrationen von Eleni Livanios
© ellermann im Dressler Verlag GmbH, Hamburg 2013

Livanios, Eleni: Der Wolf und die sieben Geißlein
Illustrationen von Eleni Livanios
© ellermann im Dressler Verlag GmbH, Hamburg 2013

Livanios, Eleni: Rapunzel
Illustrationen von Eleni Livanios
© ellermann im Dressler Verlag GmbH, Hamburg 2014

Livanios, Eleni: Frau Holle
Illustrationen von Eleni Livanios
© ellermann im Dressler Verlag GmbH, Hamburg 2014

Mehr Abenteuer passen in kein Buch

Der große ellermann-Bilderbuchschatz
Ab 3 Jahren · 256 Seiten · ISBN 978-3-7707-2491-8

Hier findet jeder kleine Geschichtenfan sein Lieblingsabenteuer! Der großformatige Sammelband enthält zehn der erfolgreichsten Maxi-Bilderbücher und hat von mutigen Prinzessinnen über clevere Könige bis hin zu tapferen Rittern ganz viel zu bieten. Diesen Schatz können Kinder und Erwachsene immer wieder anschauen! Mit den Olchis, dem kleinen Eisbären, Kasimir und vielen anderen bekannten Figuren.

Weitere Informationen unter **www.ellermann.de**

ellermann
DER VORLESEVERLAG

99 Geschichten für die ganze Familie

Anthologie
Der große Vorleseschatz durchs Jahr
Einband von Heike Vogel
Mit vielen farbigen Bildern diverser Ilustratoren
Ab 2 Jahren · 256 Seiten · ISBN 978-3-7707-2498-7

Ob Frühling, Sommer, Herbst oder Winter: Dieser Vorleseschatz widmet jeder Jahreszeit ein eigenes Kapitel. Bekannte Autoren erzählen u. a. von der Osterhasenschule, den langen Ferien am Meer, von Karli dem Kürbiskobold und einem ganz besonderen Schneemann.

Weitere Informationen unter **www.ellermann.de**

Es war einmal ...

Anthologie
Brüder Grimm – Die schönsten Märchen für Groß und Klein
Einband und viele farbige Bilder
von Marc-Alexander Schulze
Ab 4 Jahren · 192 Seiten · ISBN 978-3-7707-2485-4

Was passiert, wenn süßer Brei wächst und wächst? Oder Hänsel und Gretel sich im Wald verlaufen? Ganz klar: Die Kinder bekommen große Augen und warten gespannt darauf, dass am Ende doch noch alles gut wird. Das Buch fasziniert mit wunderschönen Geschichten der Brüder Grimm und märchenhaften Bildern.

Das Hausbuch für die ganze Familie in edler Ausstattung mit Leinenrücken.

Weitere Informationen unter **www.ellermann.de**